막 모내기를 끝낸 논은 모를 띄엄띄엄 심었기 때문에 논바닥이 그대로 보이나, 한달만 지나면 논바닥이 보이지 않을 정도로 벼가 빼곡하고 무성하게 자랍니다.

❹ 모내기를 한지 1달 된 논

❸ 막 모내기를 끝낸 논

글 조은정
성균관대학교에서 아동학을, 전주교대에서 초등교육학을 전공하였습니다.
현재 초등학교 교사이며 아이들을 위해 좋은 글을 쓰고 있습니다.
지은 책으로는 〈두릉마을 168번지〉, 〈수염 할아버지의 작은 탁자〉 등이 있습니다.

그림 여기
산 좋고 물 좋은 경북 의성에서 태어났습니다. 어려서부터 만화나 그림 그리는 것을 좋아해서
대학에서 미술을 전공하였고, 졸업 후에는 그림책 과정을 더 공부했습니다.
더욱더 재미난 그림을 많이 그려서 하루하루 더 좋은 그림 작가가 되려고 노력하고 있습니다.

# 경주 최씨 부자 이야기

글 조은정 | 그림 여기 | 펴낸곳 여원미디어 · 한국가드너(주) | 펴낸이 김동휘
기획 신혜은 김세실 | 편집 마중물 | 디자인 책임 이희섭 | 디자인 이팝
주소 경기도 안양시 동안구 엘에스로91번길 16-39 안양IT밸리 901-1호 | 전화번호 080-523-4077
홈페이지 www.tantani.com | 출판등록 제406-2009-0000032호
ISBN 979-11-393-0000-0
여원미디어 · 한국가드너(주)는 어린이 그림동화 전문 출판사입니다. 이 책은 저작권법에 따라 보호받는 저작물이므로, 이 책의 전부 또는 일부를 무단으로 복사,
복제, 배포하거나 전산장치에 저장할 수 없습니다.
⚠ 책 모서리가 날카롭고 무거워 다칠 수 있으니 사람을 향해 던지거나 떨어뜨리지 마십시오. 보관 시 직사광선이나 습기 찬 곳은 피해 주십시오.

# 경주 최씨 부자 이야기

글 조은정  그림 여기

여원미디어

옛날 옛적 경주에 최씨 성을 가진 아주 큰 부자가 살았습니다.
일 년에 쌀이 만석 정도 나올 만큼의 많은 논을 가진 큰 부자였지요.
할아버지의 할아버지, 또 그 할아버지의 할아버지부터 대대로 부자였습니다.
곳간*도 어마어마하게 크고, 논도 어마어마하게 많았습니다.
부리는 하인도, 찾아오는 손님도,
아무튼 모든 것이 다 어마어마했습니다.
그중에서 가장 어마어마했던 것은 바로 최씨 부자의 마음이었답니다.

*곳간은 물건이나 곡식을 보관해 두는 장소를 말합니다.

최부잣집 도령들은 매일 아침마다 사랑채에서
붓글씨로 가훈을 씁니다.

*사랑채는 집의 안채와 떨어져 있는 공간으로 손님을 접대하거나 자녀를 교육시키는 장소로 사용되었습니다.

"네 이놈, 종이를 아낄 줄 모르고 이렇게 함부로 쓰다니!"
아침부터 최부잣집 도령 준이 할아버지에게 야단맞고 있습니다.
종이에 낙서를 하다가 할아버지에게 들킨 것이지요.

이곳은 우리나라에 남아 있는 개인 곳간 중에서 가장 큰 곳간입니다. 한꺼번에 쌀을 팔백 석까지 저장할 수 있다고 합니다.

"대감마님, 준 도련님이 안 계시는데요."
해가 뉘엿뉘엿 지는데, 준이 보이지 않았습니다.
하인들이 안채와 사랑채를 다 뒤져도 준은 어디에도 없었습니다.
할아버지는 아침에 준을 혼낸 것이 내심 마음에 걸렸습니다.
'설마 저 곳간에 있을까?'
할아버지는 곳간 안을 살펴보았습니다.
준은 곳간 빼꼭히 쌓인 쌀가마니 사이에서
새근새근 잠들어 있었습니다.
"녀석도 참."
할아버지는 준을 방에 눕혔습니다.

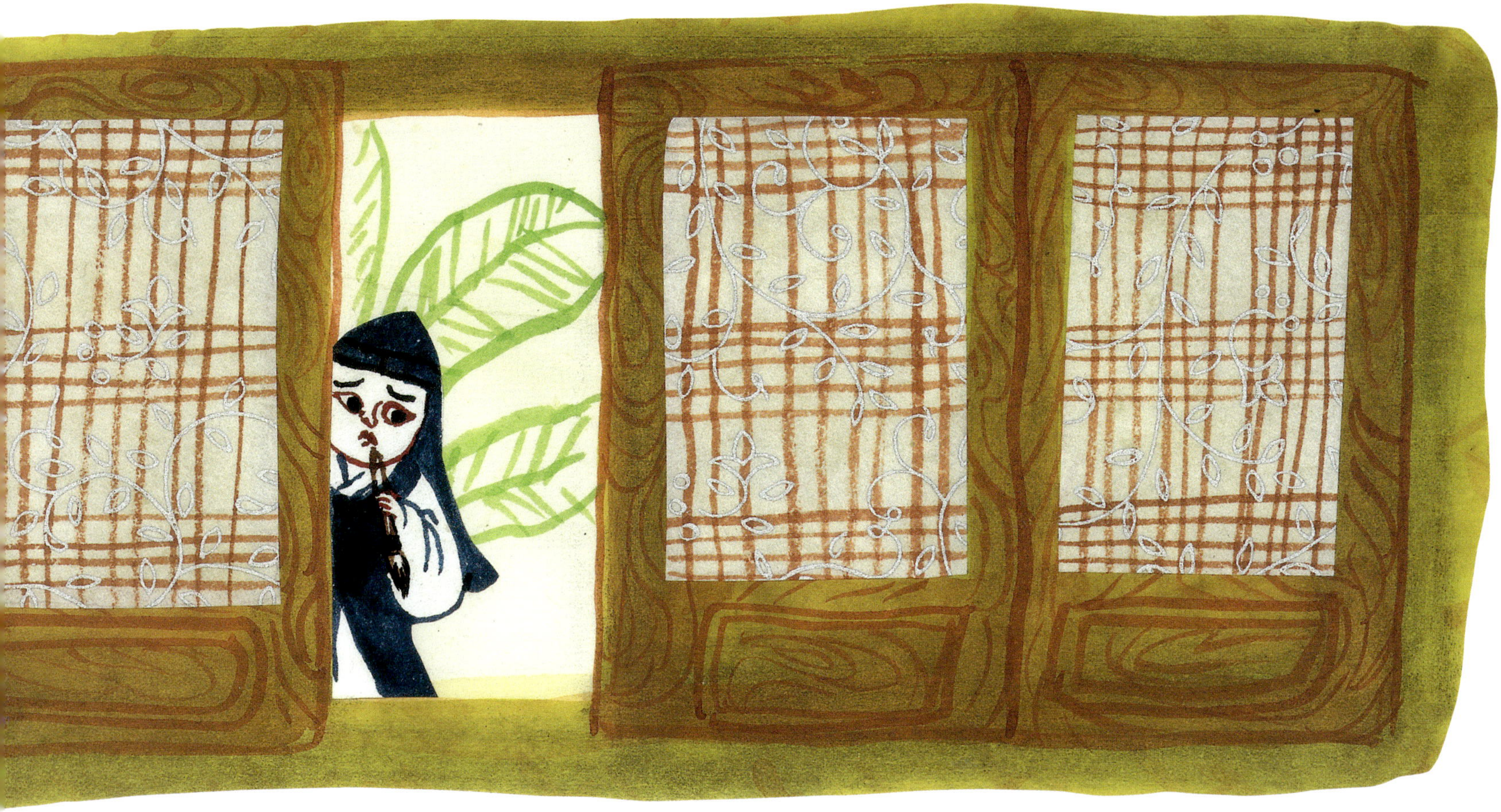

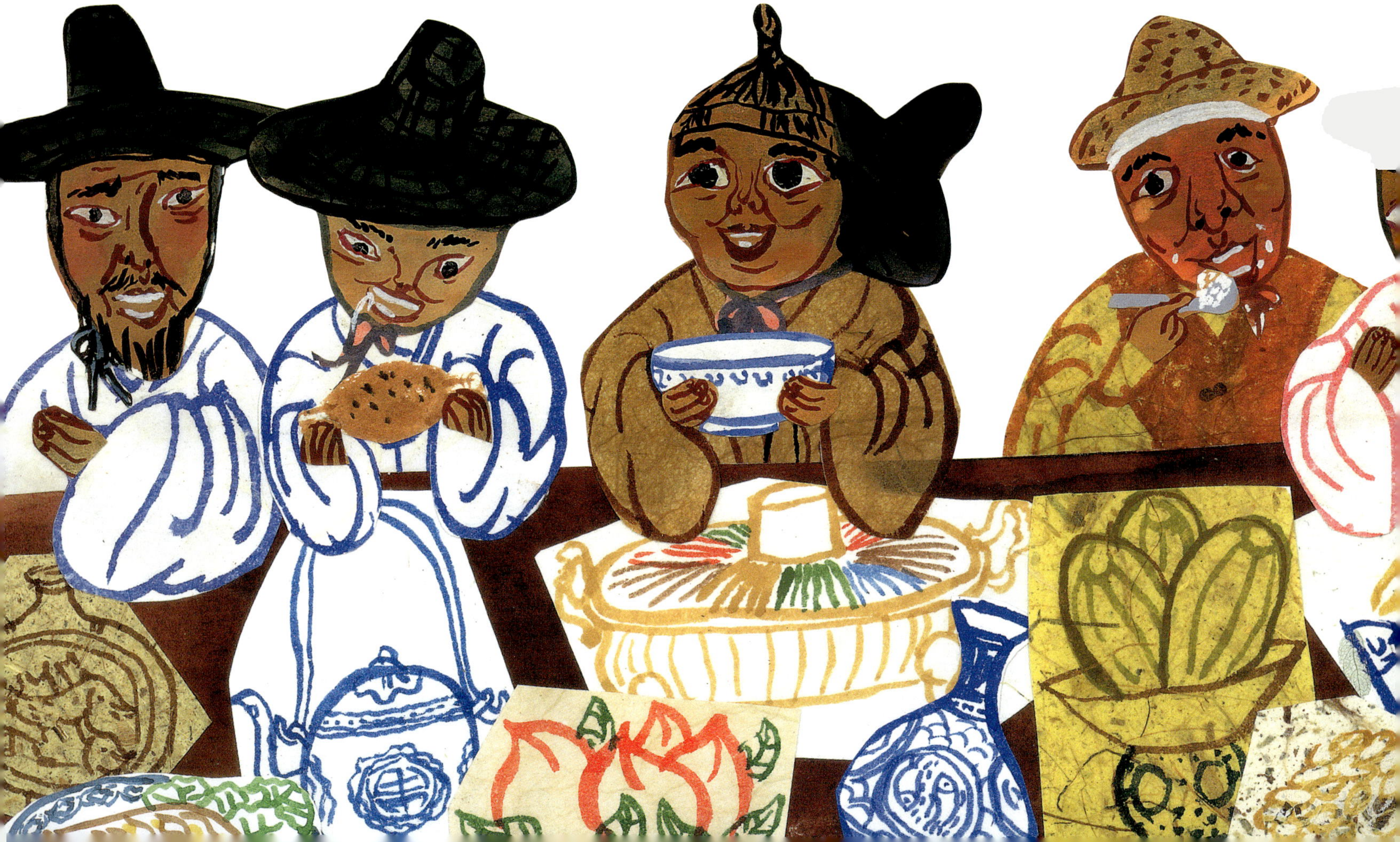

다음 날 늦잠을 잔 준은 헐레벌떡 사랑채로 갔습니다.
할아버지는 준이 늦은 것을 애써 모른 체했습니다.
어제 일에 화가 덜 풀린 준은
입을 쭈욱 내밀고 붓글씨를 쓰기 시작했습니다.
오늘도 사랑채는 손님으로 북적였습니다.
할아버지는 항상 하인들에게 정성껏 음식을 차려 손님을 맞게 했습니다.
준은 먹어 보지도 못한 귀하디 귀한 마른 청어도 내놓았지요.
손님들에게만 맛있는 것을 주는 할아버지가 조금 야속했습니다.

여기는 사랑채입니다. 집에 찾아온 손님들과 이야기를 나누고, 음식을 대접하는 곳이지요. 최씨 부자는 손님들이 돌아갈 때 쌀과 돈, 옷까지 주었습니다.

준은 할아버지가 손님들과 이야기하는 틈을 타
붓글씨 쓰는 것을 내팽개치고 논으로 놀러 나갔습니다.

마을 아이들이 '흰죽 논, 흰죽 논.'하면서 논 사이를 뛰어다니고 있었습니다.
흉년에는 흰죽 한 끼 얻어먹고 논을 팔아넘긴다고 해서
흰죽 논이라는 말이 생겨났지요.
"아이고! 최부잣집 도련님 아니십니까? 이 근방에는 흰죽 논이 없습죠.
대감마님께서 올해같이 논이 헐값*일 때는 논을 사지 않으신답니다.
이거 정말 감사할 노릇입죠."
농부는 하던 일을 멈추고 논에서 나와 준에게 이야기를 해 주었습니다.

*헐값은 그 물건의 원래 가격보다 훨씬 싼 값을 말합니다.

"한번은 이런 일도 있었습죠.
큰 흉년이 들어 굶어 죽는 사람이 허다했는데,
대감마님께서 곳간을 열고 굶고 있는 사람들에게
죽을 끓여 먹이라고 했습죠."
농부는 낫을 내려놓으며 말을 이었습니다.
"어디 그것뿐이겠습니까?
헐벗은 이에게는 옷까지 지어 입혔습죠."
하인들이 바깥마당에 큰솥을 걸고
연일 죽을 끓이는 모습이 준의 머릿속에 그려졌습니다.

할아버지를 칭찬하는 농부의 말에
준은 우쭐해졌습니다.

최씨 부자가 죽을 나누어 주던 자리가 '활인당'이라는 이름
으로 남아 있는데, 그것은 '사람을 살렸다.'라는 뜻입니다.

준은 문득 작년 이맘때 일이 생각났습니다.
한 하인이 장사가 끝날 때쯤 생선 가게에 가서 헐값에
청어를 사 왔다가 할아버지에게 호되게 혼이 났었습니다.
"물건을 살 때는 아침에 가서 제값을 주고 사 오라고 했거늘
어찌 끝날 때쯤 헐값을 주고 사 오느냐?
헐값에 생선을 넘기는 생선 장수의 마음을
헤아릴 줄 모른단 말이냐?"
그 일이 있은 후 장사치들은 너도나도 좋은 물건들을
가지고 최부잣집을 찾아오게 되었지요.

절을 한 후 준이 하인에게 물어보았습니다.
"이건 누구 제사지?"
"모르셨습니까? 이 제사는 장군이셨던 윗대 대감마님과
전쟁터에서 함께 싸우고,
끝까지 그 곁을 떠나지 않았던 하인들의 제사입죠.
하인들의 제사까지 지내 주는 집은
최부잣집밖에 없을 겁니다요."

할아버지에게 화를 냈던 준은 슬며시 부끄러워졌습니다.
준이 집으로 돌아왔을 때, 할아버지는 제사를 준비하느라 바빴습니다.
밤이 되어 제사가 시작되었습니다.

그런데 제사가 끝나자 또 다른 제사가 시작되었습니다.
'왜 제사를 또 지내지?'
할아버지가 절을 하고, 아버지도 절을 했습니다.
준은 영문도 모른 채 절을 했습니다.

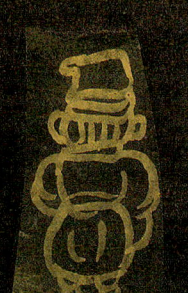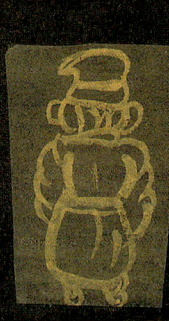

준은 양반인 할아버지와 아버지가
죽은 하인들에게 절을 하는 것이 좀 이상하기는 했지만,
주인을 위해 목숨을 아끼지 않았던 하인들의 제사를 지내는 것은
훌륭한 일이라는 생각이 들었습니다.

지금도 최부잣집에서는 최진립 장군의 제사가 끝나면 주인에게 충성을 다했던 옥동과 기별이라는 하인의 제사를 같이 지낸답니다. 또 충성을 다한 하인을 그리워하는 충노불망비를 세워 그들을 기리게 했습니다.

다음 날 준은 아침 일찍 일어나 사랑채로 건너갔습니다.
어젯밤 늦게까지 제사를 지내 조금 피곤했지만 꾹 참았지요.
할아버지는 모처럼 일찍 사랑채에 건너온 준이 신기한 듯
동그란 눈으로 준을 바라보았습니다.
준은 다른 도령들과 함께 얌전히 꿇어앉아
'사방 백 리 안에 굶어 죽는 사람이 없게 하라.'는 가훈을 크게 썼습니다.

붓글씨를 쓴 후 할아버지는 준과 다른 도령들에게
희한하게 생긴 뒤주*를 보여 주었습니다.
"이 뒤주는 가난한 사람들이나 지나가는 나그네가
쌀을 퍼 갈 수 있도록 만든 것이란다."
준은 쌀을 한 줌 꺼내 보았습니다.
할아버지의 훈훈한 마음이 전해지는 것 같았지요.

*뒤주는 쌀과 같은 곡식을 담아 두는 나무로 만든 통을 말합니다.

최부잣집에는 가난한 사람들을 위해 쌀을 담아 놓은 뒤주가 있었습니다. 쌀 삼천 석 가운데 천석을 불쌍한 사람들을 돕는 데 썼다고 합니다.

그때 아랫마을에서 사람이 찾아왔습니다.
"대감마님! 아랫마을에 논이 하나 나왔는데, 대감마님께서 사시면 어떨까요?"
마을 사람들은 어디에선가 팔 땅이 나오면 할아버지에게 사라고 했습니다.
할아버지는 쌀이 만 석 이상 곳간에 쌓이면
농부들이 최부잣집의 논밭을 사용하고 내는 돈을 조금만 받기 때문이었지요.
그래서 마을 사람들은 할아버지가 땅을 사면 오히려 좋아했습니다.

준은 혼자 사랑채로 갔습니다.
그리고 할아버지를 생각하며 매일 쓰는 가훈들을 다시 써 보았습니다.
'최씨 가문 며느리는 시집온 후 3년 동안은 무명옷을 입어라.'
준은 아직도 무명옷만을 입는 어머니를 떠올렸습니다.

벼슬이 높을수록 가문을 잇기 어렵다며
진사 이상의 벼슬을 하지 않는 할아버지와
아버지를 생각하며 붓글씨를 썼습니다.
'진사 이상의 벼슬은 하지 마라.'

준은 할아버지가 무척 자랑스러웠습니다.
다른 사람들에게 베풀고, 잘살도록 도와주며
아랫사람들에게도 나누어 줄 줄 아는 할아버지가 참 좋았습니다.
'나도 꼭 할아버지처럼 되어야지.'
준은 할아버지가 가르쳐 주신 가훈을 다시 한번 마음속 깊이 새겼습니다.

손님을 후하게 대접하라.

흉년에는 논을 사지 마라.

사방 백 리 안에 굶어 죽는 사람이 없게 하라.

재산은 만석 이상 모으지 마라.

최씨 가문 며느리는 시집온 후 3년 동안은 무명옷을 입어라.

진사 이상의 벼슬은 하지 마라.

동화 이야기

# 아름다운 부자, 경주 최씨 부자 이야기

안녕! 난 경주 최부잣집 꼬마 도령 준이라고 해.
나누고 절약하는 우리 할아버지 이야기 재미있었니?
처음에 난 그깟 종이 한 장 낭비했다고 야단치는
할아버지가 참 야속했단다.
그렇지만 다른 사람들에게 베풀고, 잘 살도록 도와주며,
아랫사람들을 살갑게 챙겨 주시는 할아버지의 넉넉한 마음을 알고는
할아버지를 야속하게 생각했던 내 자신이 많이 부끄러웠어.
나도 우리 할아버지, 할아버지의 할아버지,
또 그 할아버지의 할아버지가 했던 것처럼
다른 사람들을 배려하고,
내가 가진 것을 어려운 사람들에게 나누어 줄 거야.
너희도 나누고 베풀 줄 아는 아름다운 마음을 가진다면
너희와 너희 주변 사람들이 모두 행복할 거야.

준으로부터

**교과서 연계 학습**

**초등 교과서 국어 4-1 가**
1단원 〈생각과 느낌을 나누어요〉 중
'가훈 속에 담긴 뜻'

## 이야기 속 문장에 포함된 뜻을 생각해 봅니다.

1. 다음의 가훈 속에 담긴 뜻은 무엇일까요?

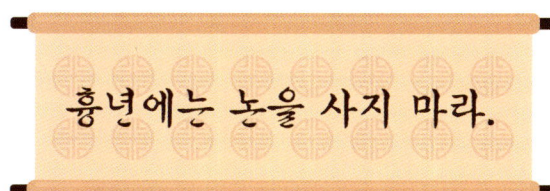

1) 왜 흉년에는 논을 사지 말라는 것일까요? 이야기 속의 사실을 바탕으로 구체적으로 이유를 답변하세요.

2) 왜 농부는 이에 감사하는 것일까요?

사방 백 리 안에 굶어 죽는 사람이 없게 하라.

1) '사방 백 리 안에 굶어 죽는 사람'은 무엇을 의미할까요?

답 주변의 불우한 이웃을 말합니다.

2) 이 가훈 속에 담긴 큰 뜻은 무엇일까요?

답 혼자만 잘 살지 말고 가진 것을 주변 사람에게 베풀고 나누며 살라는 뜻입니다.

재산은 만석 이상 모으지 마라.

1) 이 가훈 속에 담긴 큰 뜻은 무엇일까요?

답 혼자 지나치게 많은 재산을 가지지 말라는 뜻입니다..

## 2. 다음 본문을 읽고 생각해 보세요.

준은 문득 작년 이맘때 일이 생각났습니다.
한 하인이 장사가 끝날 때쯤 생선 가게에 가서 헐값에
청어를 사 왔다가 할아버지에게 호되게 혼이 났었습니다.
"물건을 살 때는 아침에 가서 제값을 주고 사 오라고 했거늘
어찌 끝날 때쯤 헐값을 주고 사 오느냐?
헐값에 생선을 넘기는 생선 장수의 마음을
헤아릴 줄 모른단 말이냐?"

3) '헐값에 생선을 넘기는 생선 장수의 마음'은 무엇일까요?

답 물건이 팔리지 않고 시간이 늦어지면 더 손해를 보기 때문에 아쉬워도 싼 값에 양보하는 마음

2) '제값을 주고 사 오라'는 뜻은 무엇일까요?

답 생선 장수가 손해를 보지 않게 돈을 제대로 주라는 뜻입니다.

이야기의 배경

# 조선 시대

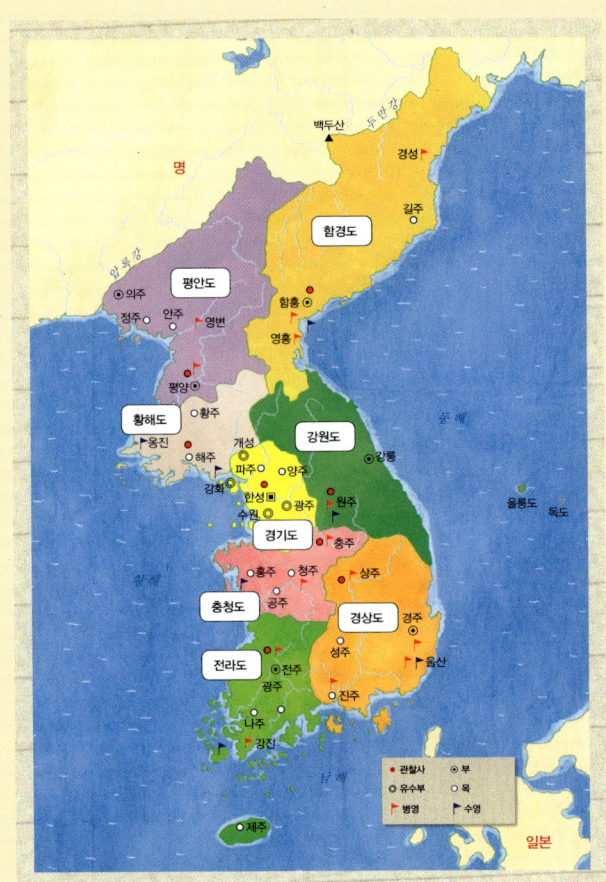
▲조선시대 지도

조선은 고려의 뒤를 이어 함경도 출신 장군 이성계가 세운 왕조입니다. 1392년 왕위에 오른 태조 이성계부터 1910년 마지막 임금인 순종에 이르기까지 27명의 왕이 519년간 다스렸지요.

## 신분 제도

조선은 양반 중심의 사회였습니다. 양반이란 벼슬을 한 사람뿐 아니라 벼슬을 할 수 있는 신분을 지칭하는 말로 다른 신분에 비해 경제적, 사회적 특권을 누릴 수 있었습니다. 양반들은 오직 과거에 합격하여 관직에 나가기 위해 어릴 때부터 공부만 했습니다. 일도 하지 않고 모두 노비가 대신 해 주었습니다. 양반 아래의 낮은 관리나 기술관 등은 중인이고, 농업·상업·수공업에 종사하는 사람들은 상민이었는데, 상민 중에서도 대부분을 차지하는 농민은 세금을 내며 나라를 떠받치는 중요한 역할을 했습니다. 마지막으로 노비와 광대 등은 천민이 되었습니다.

## 조선의 경제

조선 사회는 임진왜란과 병자호란 때 인구가 줄었다가, 전쟁이 끝난 뒤 생산력이 발달하고 농업 기술의 개량으로 식량 부족 문제가 해결되면서 다시 크게 늘었습니다. 1744년경에는 인구가 1800만 명에 이르면서 조선 시대 최고의 인구수를 기록하기도 했습니다. 조선 후기에 들어 농업 생산량이 늘고 수공업 생산이 활발해지자, 그만큼 내다 팔 상품들이 많아지면서 상품을 사고파는 장시가 농촌 곳곳에 열리고 상업이 발달하기 시작하였습니다. 조선 초기부터 나라에서는 화폐를 유통하기 위해 노력했으나 널리 쓰이지는 못하고 사람들은 쌀, 삼베, 무명 같은 생필품

▲상평통보

을 교환 수단으로 삼았습니다. 그러나 후기부터는 상평통보가 만들어지면서 화폐가 널리 쓰였습니다. 상업이 발달하자 나라와 나라 사이의 무역도 활발해졌습니다. 조선 전기에는 사절단을 중심으로 소규모의 무역만 이루어졌지만, 후기에는 대외 무역의 규모가 점점 커졌습니다.

## 조선 후기의 양반

조선 후기에는 돈 많은 상민들이 양반 신분을 사기 시작했습니다. 그러자 양반의 수가 점점 늘어나 세금을 내는 상민의 수가 줄어들고 양반 중심의 신분 제도가 뿌리부터 흔들렸습니다. 너도 나도 양반이니 누가 진짜 양반인지 모르게 된 세상에서 양반들의 권위는 땅에 떨어졌습니다. 사람들도 양반을 우습게 보기 시작했지요. 가짜 양반들이 늘자 진짜 양반들은 권위를 지키기 위해 유교의 풍습을 강화하였습니다. 이때 시집살이, 장자 상속 같은 새로운 풍습들이 생겨났습니다.

▶ 김홍도의 〈정승 행차〉

## 조선의 농업

조선은 농업을 국가적으로 장려하였습니다. 토지 개간에 주력하여 토지가 크게 확장되었고, 바람과 가뭄에 강하고 일찍 수확되는 벼 품종이 새로 개발되거나 모내기법 같은 새로운 농사법이 널리 퍼지기도 하였습니다. 모내기를 하면 노동력이 절약되어 한 사람이 농사지을 수 있는 땅이 예전보다 넓어졌습니다. 또 조선 후기에 들어 수확량의 반을 소작료로 내던 타조법이 일정한 양만 내면 되는 도조법으로 바뀌었습니다. 도조법에 의하면 전체 생산량 중에서 소작료를 내고 남은 식량이 모두 소작인의 것이 되기 때문에, 이 법은 농사를 잘 짓는 사람일수록 유리했습니다. 그래서 이러한 소작농들은 소작(농토를 갖지 못한 농민이 일정한 소작료를 지급하며 다른 사람의 농지를 빌려 농사를 짓는 일)을 많이 받아 넓은 땅을 경작하고 수확량을 크게 올릴 수 있었습니다. 이렇게 부자가 된 농민들도 일부 있었으나, 동시에 넓은 땅을 경작하는 부농들에게 땅을 잃고 소작할 땅도 빌리지 못해 농촌을 떠나는 농민들도 많이 늘어났습니다.

◀ 김홍도의 〈벼 타작〉

# 존경 받는 경주 최부잣집

▼최부잣집 집터

경주 최부잣집은 최치원의 17세 손인 최진립과 그의 아들 최동량이 터전을 이루고 손자인 최국선으로부터 28세 손인 최준에 이르는 약 삼백 년 동안 부를 누린 일가를 일컫는 말입니다. 최씨 부자는 단순한 부자가 아닌 지식 있는 양반으로 정당하게 부를 이루고 그 부를 적절하게 사회에 돌려줌으로써 사람들의 존경을 받은 부자였습니다. 최부잣집 자손들은 재산에 대한 욕심을 버리고 더불어 사는 삶을 살기 위해 매일 아침마다 가훈을 쓰며 조상들의 가르침을 몸에 새겼다고 합니다.

## 경주 최부잣집은 얼마나 큰 부자였을까

최부잣집의 명성을 전해 주는 유물로는 곳간이 있습니다. 최부잣집은 팔백 석의 쌀을 한꺼번에 저장할 수 있는 아주 큰 규모의 곳간을 여러 개 가지고 있었지요. 최부잣집은 대대로 만석꾼 집안으로 불렸습니다. 만석꾼은 곡식 만석을 거두어들일 만큼 많은 논밭을 가진 부자라는 뜻이랍니다. 또 방은 아흔아홉 칸이나 되었으며, 하인도 백 명 정도나 있었다고 합니다.

## 나눌 줄 아는 경주 최씨 부자

▲최부잣집 곳간

최부잣집에서 다른 사람에게 땅을 빌려 주고 그 대가로 받는 쌀은 매년 삼천 석 정도였다고 합니다. 이 가운데 천석은 집안 식구들이 생활하는 데 쓰고, 천석은 손님을 접대하는 데, 나머지 천석은 주변의 어려운 사람들을 도와주는 데 썼대요. 최부잣집에는 특이한 뒤주가 있었습니다. 그 뒤주의 구멍은 어른의 두 손이 겨우 들어갈 수 있도록 되어 있는데, 형편이 어려운 사람들이 언제라도 그 뒤주에 양손을 넣어 손에 잡히는 양만큼 쌀을 퍼갈 수 있도록 만든 거래요. 자신이 가진 것을 모두와 나누려는 최씨 부자의 따뜻한 마음이 담긴 뒤주랍니다.

## 그 많던 최부잣집 재산은 어디로 갔을까

경주 최씨 부자는 최진립과 그의 아들 최동량이 세운 기틀에서 시작하여 대대로 부를 누리다가 10대인 최준에 이르러 부자의 막을 내리게 됩니다. 그렇다면 그 많던 최부잣집의 재산은 어떻게 되었을까요? 마지막 부자인 최

준은 일제 시대 때 우리나라의 독립운동을 위해 많은 재산을 썼습니다. 또한 일본에게서 나라를 되찾은 후에는 나라를 이끌어 나갈 인재를 길러 내는 것이 나라를 부강하게 하는 것임을 강조하며 모든 재산을 기증해 교육 기관을 세웠습니다. 교육 기관은 우리나라의 젊은이들이 마음껏 공부할 수 있는 밑거름이 되었답니다.

▲ 최부잣집 안채

## 나누면 무엇이 좋을까

최부잣집은 '재산은 만석 이상 모으지 마라.', '손님을 후하게 대접하라.', '사방 백 리 안에 굶어 죽는 사람이 없게 하라.' 등의 가르침을 오랫동안 실천해 왔습니다. 나눔을 강조한 이 가훈대로 최부잣집은 부자이든 가난하든, 어리든 나이가 많든 간에 다른 사람들과 항상 나누면서 살았지요. 이러한 나눔을 통해서 최씨 부자는 사람들의 존경과 신뢰를 얻을 수 있었습니다. 그리고 삶의 보람과 세상에 태어난 의미를 찾을 수 있었지요. 그래서 최부잣집은 항상 행복했고, 그 주변은 늘 풍요로웠답니다. 이런 나눔은 사회를 건강하게 하고 아름답게 만드는 힘이 됩니다.

## 노블레스 오블리주

노블레스 오블리주라는 말은 사회적 신분이 높은 사람들이 그 신분에 걸맞게 행동하는 도덕적인 의무를 말합니다. 많이 가진 사람일수록 다른 사람의 모범이 되고, 다른 사람에게 베풀어야 한다는 뜻이지요. 노블레스 오블리주는 초기 로마 시대에 왕과 귀족들이 보여 준 투철한 도덕의식과 솔선수범하는 정신에서 비롯되었다고 합니다. 전쟁이 나면 자신의 재산을 내놓고, 직접 칼을 들고 앞장서는 태도를 보인 것이지요. 권력과 자유에 따른 책임을 스스로 질 때 사회가 유지된다고 믿었기 때문이래요. 최부잣집은 자신의 재산을 다른 사람들과 나눔으로써 사람들의 존경과 모범이 되었습니다. 최부잣집이야말로 우리나라 노블레스 오블리주의 표본이 아닐까요?

▲ 로마 시대의 귀족